ΤΟ ΑΣΤΕΡΙ ΤΩΝ ΧΡΙΣΤΟΥΓΕΝΝΩΝ

Κείμενο - Εικόνες

ΕΥΓΕΝΙΑ ΦΑΚΙΝΟΥ

ΚΕΔΡΟΣ

ΤΟ ΑΣΤΕΡΙ ΤΩΝ ΧΡΙΣΤΟΥΓΕΝΝΩΝ

Κείμενο - Εικόνες

ΕΥΓΕΝΙΑ ΦΑΚΙΝΟΥ

ΚΕΔΡΟΣ

Μια φορά κι έναν καιρό ζούσε στον ουρανό ένα αστεράκι. Έμενε σ' ένα μικρό σπιτάκι από ροζ σύννεφα, μαζί με τη μαμά του και τις εφτά αδελφές του. Βαριόταν όμως να κάνει κάθε βράδυ τα ίδια και τα ίδια. Γιατί τα αστεράκια όλου του ουρανού, μια δουλειά έχουν να κάνουν μόνο. Να βγαίνουν στα παράθυρα των σπιτιών τους και να φέγγουν στους ανθρώπους.

Αυτό το αστεράκι, το δικό μας, ήταν λιγάκι σκανταλιάρικο. Όλο κουνιόταν και δεν καθόταν ποτέ ήσυχο κι ακίνητο στη θέση του. Οι γείτονες παραπονιόντουσαν ότι τους ζαλίζει.
Ο δάσκαλος των αστεριών, ο κύριος Αλταΐρ, κάλεσε μια νύχτα το αστεράκι και το μάλωσε αυστηρά.
– Μερικά αστέρια, του είπε, πρέπει να στέκουν στη θέση τους. Άλλα αστέρια μπορούν να κάνουν μικρούς κύκλους γύρω απ' το σπίτι τους. Εσύ είσαι από αυτά που πρέπει να στέκουν ακίνητα.

Το αστεράκι έκανε μια κοροϊδευτική κίνηση και σηκώθηκε να φύγει.
Ο δάσκαλος των αστεριών, ο κύριος Αλταΐρ, που έβλεπε και πίσω απ' την πλάτη του, το είδε και θύμωσε.
– Σε προειδοποιώ, του είπε, όποια αστέρια παράκουσαν κι έκαναν του κεφαλιού τους, κάηκαν και χάθηκαν από τον ουρανό.
Το αστεράκι γύρισε σπίτι του σφυρίζοντας και παίζοντας κουτσό. Δεν είχε πιστέψει καθόλου το δάσκαλο των αστεριών, τον κύριο Αλταΐρ.

Για λίγες νύχτες κάθισε ήσυχο ή σχεδόν ήσυχο. Έπειτα άρχισε να κοιτάζει γύρω γύρω τούς μεγάλους πλανήτες. Έψαχνε να βρει κάτι που να του αρέσει. Τίποτε. Αλλού έβλεπε να σηκώνονται κόκκινα σύννεφα ζέστης. Αλλού μια γκρίζα σκόνη έφτιαχνε άχρωμες τούρτες. Αλλού οι πάγοι είχαν σκεπάσει τα πάντα.

– Μόνο στη Γη υπάρχει ζωή, του είπε ένα βράδυ η μεγάλη του αδελφή, η Αστερόπη, που το λυπήθηκε.

Από κει που ήταν το αστεράκι, έβλεπε τη Γη σαν μικρό γαλάζιο πορτοκάλι. Και του άρεσε πολύ.

«Αξίζει τον κόπο, σκέφτηκε, να πάω πιο κοντά, να δω πώς είναι η ζωή.»

Μια μέρα λοιπόν, που ο ήλιος έλαμπε και κανένας δεν μπορούσε να το δει, το αστεράκι το 'σκασε απ' το σπίτι του. Στριφογύρισε, στριφογύρισε και κάποτε έφτασε πάνω απ' τη Γη.

Τώρα έβλεπε καθαρά τα βουνά, τα ποτάμια, τις θάλασσες και τις πεδιάδες της Γης.

Και του άρεσε πολύ.

Αυτό που δεν ήξερε το αστεράκι ήταν ότι τώρα το έβλεπαν κι οι άνθρωποι απ' τη Γη.

– Ανακαλύψαμε, είπαν, ένα νέο αστέρι.

Και του έδωσαν κι ένα όνομα. Το ονόμασαν Βιγαδεξζή.

Όμως στο αστεράκι δεν έφτανε που έβλεπε τα βουνά, τα ποτάμια, τις θάλασσες και τις πεδιάδες. Ήθελε να δει τι άλλο υπήρχε πάνω στη Γη. Πλησίασε λοιπόν περισσότερο. Είδε τα δέντρα, τα οργωμένα χωράφια, τα πλοία και τους ελέφαντες στην Ινδία. Και του άρεσε πολύ.

Οι άνθρωποι γεμάτοι θαυμασμό κοίταζαν τα βράδια αυτό το λαμπερό αστέρι.

– Να, έλεγαν οι παππούδες στα εγγόνια τους, αυτό είναι το Βιγαδεζή.

Το αστεράκι όμως γρήγορα βαρέθηκε να βλέπει μόνο τα δέντρα, τα οργωμένα χωράφια, τα πλοία και τους ελέφαντες στην Ινδία. Πλησίασε, λοιπόν, λίγο περισσότερο.
Τώρα έβλεπε και τους ανθρώπους.
΄Αλλοι ψάρευαν στις θάλασσες, άλλοι έσπερναν τα χωράφια τους κι άλλοι έκοβαν ξύλα στα δάση.
Και του άρεσε πολύ.

Οι άνθρωποι γεμάτοι θαυμασμό έβλεπαν αυτό το υπέρλαμπρο άστρο.

– Δεν μπορεί, έλεγαν, κάτι θα συμβεί στον κόσμο. Κάτι πολύ καλό. Αλλιώς, γιατί να φανεί αυτό το αστέρι.

Στο αστέρι άρεσαν πολύ οι παράξενοι άνθρωποι. Παρατηρούσε, λοιπόν, εδώ και λίγες μέρες, τρεις ανθρώπους που περπατούσαν στην έρημο.
Περπατούσαν και περπατούσαν και περπατούσαν. Κάτι κρατούσαν στα χέρια τους και προχωρούσαν κοιτάζοντας κάπου κάπου και τον ουρανό.
Μια νύχτα, το αστεράκι είδε άλλους δυο παράξενους ανθρώπους. Έναν άντρα και μια γυναίκα. Κι ένα γαϊδουράκι.
Η γυναίκα ήταν πάνω στο γαϊδουράκι.
Φαινόντουσαν κουρασμένοι και πήγαιναν πολύ αργά.

Το αστεράκι, ανήσυχο, πλησίασε ακόμη περισσότερο. Οι τρεις παράξενοι άνθρωποι, βλέποντας τη λάμψη να μεγαλώνει, άνοιξαν ακόμη περισσότερο το βήμα τους.
Η γυναίκα μπήκε σε μια σπηλιά της ερήμου. Μπήκε και το γαϊδουράκι.
Ο άντρας στάθηκε απέξω. Σε λίγο εμφανίστηκε κι ένα κοπάδι από πρόβατα. Οι βοσκοί τους έδειχναν με θαυμασμό και λίγο φόβο το υπέρλαμπρο αστέρι που στεκόταν πάνω απ' τη σπηλιά.

΄Οταν ακούστηκε το πρώτο κλάμα του μωρού, το αστεράκι ένιωσε την καρδιά του να σπαρταράει από χαρά. Αχ, πόσο ήθελε να δει αυτό το μωράκι. Πλησίασε ακόμη λίγο. ΄Ολη η έρημος γύρω φωτίστηκε σαν να 'ταν μέρα.
Οι τρεις παράξενοι γέροντες φάνηκαν να έρχονται βιαστικοί. Πλησίασαν τους βοσκούς και κάτι τους ρώτησαν. Εκείνοι τους έδειξαν τη σπηλιά. Το αστεράκι φλεγόταν πια από περιέργεια. Τι ήταν αυτό μωράκι; Γιατί οι βοσκοί είχαν γονατίσει στην άμμο; Γιατί αυτοί οι τρεις παράξενοι γέροντες είχαν έρθει από τόσο μακριά γι' αυτό το μωρό; Και τι γινόταν άραγε τώρα μέσα στη σπηλιά;

Το αστεράκι, ξεχνώντας τις συμβουλές του δασκάλου των αστεριών, του κυρίου Αλταΐρ, πλησίασε ακόμη περισσότερο στη Γη. Είδε μέσα στη σπηλιά τούς τρεις γέροντες γονατιστούς μπροστά σε μια φάτνη, να προσφέρουν στο μωράκι σμύρνα, χρυσό και λιβάνι.
Ένα φως ξεχυνόταν γύρω απ' τη φάτνη και φώτιζε το ήρεμο πρόσωπο της μητέρας του μωρού. Το αστεράκι πρόλαβε να δει και τα μάτια του μωρού που το κοίταζαν γλυκά. Τίποτε άλλο...
Έπειτα έσβησε σαν κεράκι και χάθηκε απ' τον ουρανό.

Τους τρεις παράξενους γέροντες τους έλεγαν Βαλτάσαρ, Μελχιόρ και Γάσπαρ. Αργότερα τους ονόμασαν «Οι τρεις Μάγοι με τα δώρα». Το μοναχικό άντρα τον έλεγαν Ιωσήφ. Τη μητέρα του μωρού την έλεγαν Μαρία. Το μωρό το ονόμασαν Ιησού.

Το αστεράκι το ονόμαζαν Βιγαδεζή. Όλοι όμως το ξέρουν σαν «Το Αστέρι των Χριστουγέννων». Και κανείς δεν το ξέχασε ποτέ.

Κάθε χρόνο οι άνθρωποι βάζουν ένα αστέρι στην κορυφή τού χριστουγεννιάτικου δέντρου και το θυμούνται.

ΦΩΤΟΣΤΟΙΧΕΙΟΘΕΣΙΑ ΦΩΤΟΚΥΤΤΑΡΟ, Ε.Π.Ε.
ΑΡΜΟΔΙΟΥ 14, ΤΗΛ. 210.32.44.111
ΕΚΤΥΠΩΣΗ
PROVOLI PUBLICITY A.E.
ΤΑΤΟΪΟΥ & ΠΑΡΝΗΘΟΣ 46, ΤΗΛ. 210.28.51.432
ΓΙΑ ΛΟΓΑΡΙΑΣΜΟ ΤΗΣ ΕΚΔΟΤΙΚΗΣ ΕΤΑΙΡΙΑΣ
«ΚΕΔΡΟΣ»
Γ. ΓΕΝΝΑΔΙΟΥ 3, 106 78 ΑΘΗΝΑ, ΤΗΛ. 210.38.09.712
ΝΟΕΜΒΡΙΟΣ 2006

Το αστεράκι πλησίασε λίγο περισσότερο. Η λάμψη του μεγάλωσε. Οι τρεις παράξενοι άνθρωποι που περπατούσαν στην έρημο, μόλις είδαν τη λάμψη του αστεριού να μεγαλώνει, άνοιξαν το βήμα τους.
Το αστεράκι είδε τη γυναίκα να κατεβαίνει απ' το γαϊδουράκι.
Κρατούσε την κοιλιά της, που ήταν μεγάλη και στρογγυλή.
Το αστεράκι είχε δει κι άλλες γυναίκες με μεγάλη κοιλιά και ήξερε. Άραγε αυτή η γυναίκα θα γεννούσε εκεί στην ερημιά, μόνη της;